Marita Lanfer

Amsel hebt eben zu singen an

edition exemplum

Marita Lanfer

Amsel hebt eben zu singen an

Gedichte

ATHENA-Verlag

Bibliografische Information der Deutschen Nationalbibliothek

Die Deutsche Nationalbibliothek verzeichnet
diese Publikation in der Deutschen Nationalbibliografie;
detaillierte bibliografische Daten sind im Internet über
<http://dnb.d-nb.de> abrufbar.

1. Auflage 2023

Mellinghofer Straße 126, 46047 Oberhausen
www.athena-verlag.de

Umschlagabbildung: Indigena, AdobeStock
Druck und Bindung: Majuskel Medienproduktion GmbH, Wetzlar
Printed in Germany
ISBN 978-3-7455-1153-6

Verborgenes Warten

Nach dem Schnee

Schüchterne Schneeglöckchenschar
drängt an die Sonnenwand.
Eichenblätter vom letzten Jahr
knattern in Windeshand.

Unten über dem Brombeergeäst
wirbelt ein Mückentanz.
Über dem dunklen Schlehdornnest
flattert Spinnwebenglanz.

Struppige Pferde steh'n im Morast.
Auf Nüsse und löchriges Laub
rieselt vom zitternden Haselast
pudriger Blütenstaub.

Bach, der die braunen Schneepolster trank,
schwillt eine stolpernde Flut,
und eine falbe Katze ruht
auf der zerbrochenen Bank.

Yggdrasil

Hoch in die bleiche Bläue gespannt,
fein auf die Weiße des Betttuchs gebannt,
Apfelbaumzweige, frostziseliert.
Amsel vom Balkon jubiliert.

Hat sich das tote Schilfgras geregt?
Keine Wolke den Tümpel bewegt.
Leichensteife die Blätter verklumpt.
Mülleimerdeckel blitzt eispelzvermummt.

Hand, die den flitternden Flaum begrüßt,
fühlt sich im Fassen getäuscht; er zerfließt.
Yggdrasil atmet, der Weltenbaum,
nur im gelassenen Zwischenraum.

Ländlicher Morgen

Ich sah im bachdurchflossnen Tal,
einander nah, zwei Erlen stehen,
sanft geschwungen.
Die längst verklungene Melodie,
fast hört' ich sie.

Im Jahr, das jung, noch voll Geheimnis war,
sah Hügel ich dem weißen Schweigen
der Nebel sanft entsteigen,
dem Bad der Nacht,
wie neu erdacht.

Es ist, was du gesucht, gefunden,
neu vergisst,
wie Tal und Hügel vorbereitet,
aus Nebeln einfach hingebreitet
jedem Schritt.
Gott ist ein Lied.
Sing mit.

Sonntagmorgen auf dem Lande

Noch hat kein Fuß den Tag betreten.
In wirre Bilder, der verwehten
Träume verschlungenes Geflecht
dringt pulsend Fremdes ein, der Specht.

Ins laubwendende Amselscharren
schneiden Die sieben Raben, schnarren
von märchenalten Fluggeschichten
und trudeweisen Traumgesichten.

Das Haus hebt ratternd seine Lider.
Der Blick sucht sich am Himmel wieder
und hisst den ersten Fichtenwimpel.
Aurora lacht noch auf dem Gimpel.

Frost malt dem Moose Sonnenflecken.
Wer mag den letzten Träumer wecken?
Das erste Auto dröhnt herein.
Die Stille holt es freundlich ein.

Am Fenster im Februar

Von der Straße rauscht Maschine.
Birke greift ins Aubergine.
Äste blitzen auf im Wehen,
werfen Perlen in die Böen.

Leere Lüfte, vogelfrei.
Wald entringt sich Krähenschrei.
Lockte gestern Amselweise?
Trübsal zieht in Tonnen Kreise.

Teich holt Himmel sich zurück.
Rasch trübt Regen seinen Blick.
Zweig erzittert, schwankes Haus.
Frau am Fenster lässt er aus.

Hornung

Schräge Sonne
hebt auf dem Hügel
weiße Birkenleiber hervor.

Frühe Weide
spinnt sich verwegen
schon in schwellenden Knospenkokon.

Wandernde Blicke.

Zwischen Schleier
und schimmernde Blöße
ist eine große Stille gespannt.

Vorfrühling

Dröhnender Straße öder Bericht
dringt nicht in den Garten,
rührt die Äpfel, die wächsernen nicht,
nicht das verborgene Warten.

Meise tickt eine andere Zeit.
Wind rinnt über die Pfützen,
findet das Schilf zum Flattern bereit
mit den geknickten Spitzen.

Kann sich das graue Knötrichgeflecht
jemals wieder beleben?
Sind die weißgrünen Schauer echt,
die auf den Wiesen beben?

Hinter dem kreuzenden Meisenflug
bleibt die Kiefer stehen.
Ruhig lässt sie, pflanzenklug,
was geschieht, geschehen.

In der Weile eines Blicks
splittert die Bewegung.
Zweig und Meise, des Geschicks
innigeine Regung.

Wendemanöver

Auto im Wendekreis schleudert den Blick
ans wolkentürmende Grau.
Krähen schreien, sich lösende, rau
und wogen kreisend zurück.

Den Hügel, der jäh vorüberfliegt,
mustert der Schafe Schar.
Die auf der Schwelle schwärzend liegt,
Katze ruht wunderbar.

Fremd glänzt der frische Augenblick,
ergreift und ist vorbei
und wogt, ein Weh, ein Entenschrei,
im Traume nachts zurück.

Ländliches Sonett

Lämmer, gemeißelt im schweren Morast.
Amsel hockt, flügelvergessene Last,
dunkler Gedanke im Birkengeäst.
Bach schwindet blitzend, schäumt auf und lässt

folgsames Fahrzeug mäandernd heran.
Amsel und Birke und Lämmer, es kann,
rasender Niemandsbote im Fliehen,
eine Gestalt in die andere ziehen.

Dreifacher Ton, ein einfacher Klang,
der jäh aus fernen Räumen drang.
Schwingt nicht. Zerschnitten, und niemand lauscht,

der mit dem Dröhnen das Rauschen getauscht,
Bach, den das flüchtige Fahrzeug verschlang.
Amsel hebt eben zu singen an.

Märztag im Dorf

Immer noch sammelt sich Schweigen
zwischen den Ästen.
Rauch schleicht vom Dach.
Aus verhangenen Fenstern starrt Stille.
Riefe jetzt jemand laut durch die Welt,
niemand träte hinaus.

Grüne Stille

Krähen, ein Auto zerreißen die Stille.
Nicht die des Veilchens vor der Wand,
nicht die der Zweige. Geöffnete Hand,
ragen sie reglos. Ein großer Wille
spricht, eine andere Stille
in jeder Pflanze sich aus.
Wer sie ertrüge!
Leicht führte sie aus gewohntem Gefüge
jeden Schauenden hinaus,
hielte er einmal sein Eigenes aus.

Heimruf

Kummer drängt in den Dämmerwald
und wächst mit jedem Schritt.
Kätzchen, die gestern den Frühling gemalt,
erfrorene, trauern mit.

Wie in einem geheimen Bund
schweigen so seltsam still
Stämme und Wipfel im grauen Rund.
Keines jetzt trösten will.

Weg trägt den tauben Wanderfuß
langsam und sacht voran,
bis ein werbender Drosselgruß
heimruft. Er bricht den Bann.

Geißblattsprossen rahmen den Ort,
Häuser sind freundlich gesellt.
Und es ist über Tag und Wort
milde ein großer Abend gestellt.

Loslassen

Nasse Narzissen, die nickend wissen,
blasse Blätter, die loslassen müssen,
Apfelbäume, die winterlich starren,
stürzende Amseln, die Autos narren,
Kinder, die selig in Pfützen springen,
alle wollen mir Nachricht bringen.
Aber sie kann nicht zu mir gelangen.
Ich warte. Ich kann nichts empfangen.

Nasser Maitag

Wolken verdunkeln den Nachmittag.
Wind zaust das zarteste Blatt.
Flieder betört im Vorübergehen.
Wiese wogt löwenzahnsatt.

Fingerspitzgrün wiegt die Fichte sich.
Weiß sie wohl, wie ihr geschieht?
Oben vom toten Apfelbaum
klagt eine Amsel ihr Lied.

Fremd im Garten

Wir standen im dunkelnden Garten,
verflochten Gedanken und Wort.
Uns trugen auch heute die zarten,
die Rufe der Amseln nicht fort.

Blass blickten Vergissmeinnichtsterne
vergeblich vom Beet zu uns auf.
Wir standen in kopfkühler Ferne,
bedachten den Tageslauf.

Da rieselt ein fremdes Flüstern
in Wort und Satz und Sinn,
ein unbekanntes Knistern
zieht rätselhaft uns hin.

Zu schwellenden Geräuschen
verdichtet sich die Luft.
Wir lassen uns gern täuschen,
wenn Fremdes nahe ruft.

Ein Regen fleckt die Steine.
Wir sehen, Enttäuschte, hin.
Verachtet das Gemeine,
ist Fremdes nur Gewinn.

So leisten wir den Regen,
die Steine, Amseln nicht.
Nichts ist, was uns entgegen
kommt und spricht.

Schlossberg im Mai

Wind flaut und brandet, rüttelt rau
im maienlichten Meeresgrau
die dürren Triebe, wirren Sprossen,
in die der kranke Baum geschossen,

treibt, was er abgerissen hat,
den Falter Apfelblütenblatt
und hebt vom Telegraphenmast
stürmisch liebkosend Amselgast.

Waldkronen, die den Schlossberg schwellen,
ihn üppig schäumend überquellen,
und kahler Eichen Astgerinnsel,
die von der grünen Lavainsel

ins Unsichtbare weiterfließen,
sich ruhig ins Wolkenmeer ergießen,
sind von der Woge kaum bewegt,

die in der Brandung Wellen schlägt,
und lassen, Wandel der Gezeiten,
Wind wolkenleicht vorübergleiten.

Vergessen

Löwenzahn auf braunem Tod.
Schneck auf Coladosenrot.
Autolärmen schlitzt den Wald.
Bach nimmt mit und lässt mich bald.

Storchenschnabel blasst im Grün.
Löwenzahn mag nicht verblühen.
Füße, fern und wegetaub,
fühlen sich nicht auf dem Laub.

Kummer war hinausgegangen.
Ein vergessenes Verlangen
taucht aus Himmelspfützengrund.

Wanderwolken, eingefangen,
starre Zweige und die langen
Blicke finden sich im Rund.

Gestörter Maiabend

Wasserspeier kringelt den Teich,
schaukelt die Blüte im Kreise.
Gimpel prahlt rosenrot über dem Reich.
Storchschnabel antwortet leise.

Jäh stören Böller den plaudernden Strahl,
größer sind Mückenfeste,
scheuchen aus dem erschütterten Tal
Dohlen, willkommene Gäste.

Hinter binsenverwebendem Glanz
sinkt Sonne satt in die Kiefer,
atmet im wirbelnden Mückentanz
Stille, die langsame, tiefer.

Ferne Wildnis

Frühsommer

Schon ist der Mai versunken.
Vergissmeinnicht vergehen,
und Lindenblüten tunken
noch süßer ins Geschehen.

Gibt es wohl für die Biene,
die blütenblinde, Blitz?
Sie ist so ganz Lupine,
ganz Gabe und Besitz.

Hinstürzt die wirre Mücke
ins Irisviolett.
Der Kater an der Brücke
entsteigt dem Binsenbett.

Es drängt die grüne Größe,
die Pflanze an das Haus,
treibt die verborgne Blöße
mit starker Stille aus.

Es jagen Wolkenschatten
schon um das feste Haus,
und morgen, ach, schon morgen
treibt uns der Sturm hinaus.

Leicht

Ich bin ein Gras am Wegrand,
lass alles vorüberziehen.
Bewegt mich der Wind mit behutsamer Hand,
so warte ich doch nicht auf ihn.
Leicht bin ich zu pflücken,
ein Griff ist es nur.
Niemand kennt mich. Ich hinterlasse
kaum eine Spur.

Sommerabend

Schwarz glänzt unter schon dunklen Birken
langer schlanker Schneckenleib.
Träg wogt die Wiese, regensatt.
Auf kahler Weide steht eine Kuh
reglos im Nesselbusch.
Leer starrt der Hochstand.
Die Hügel verblassen.
Unten auf dem Johanniskraut
funkelt der Juniabend.

Nächtliche Fahrt

Mond, die weiße Nachtfanfare.
Kahle Berge auf der Bahre,
Totenstrenge im Profil.
Licht rinnt mild ins Wolkenpriel.
Nah am Weg verharren Rehe.
Wittern sie wohl fremde Nähe?
Jäh ein wunder Katzenschrei.
Nur zwei ernste Tannen ragen
reglos in den Großen Wagen.

Johannisnacht

Die Nacht, die heute aufzieht,
ist zu groß.
Ein jeder Halm, der Schafe heile Herde
ruft: Halt Wacht,
sei mit uns, bleib!

Wo anders wäre unser Ort,
als, Linde, unter deinem Blätterleib?

Schwer wiegt das Wort,
fliegt, tiefem Vogel gleich,
ans Ohr des Raums.

Noch legt der Vollmond keine Schatten.
Groß steigt er, freundlich fern
aus Waldessaumes Matten.

Die kranke Linde drunter, unser Schweigen
vermählt sich mit dem Roggenglanz,
dem heil'gen Wogen vor dem Schnitt.

Das ist der Segen dieser Nacht.
Sie will Zerriss'nes heilen,
will verbinden.

Komm, lass uns diese Nacht
mit Halm und Schafen teilen,
mit ihnen Ruhe finden.

Juliabend

Mit dünnen Laken deckt der Wind die Wälder
und rieselt kühler über Gräserfelder.
Der Weberknecht am Halme
findet keine Ruhe.
Pandora schließt behutsam ihre Truhe
und bläst den roten Roggen aus.
Die Linde vor dem alten gelben Haus
ist schön, als habe man vorzeiten sie gesehen.
Hoch aus dem Fichtenfiligran
zieht buttergelb der Mond heran.

Licht

Über den Deich streift kräftiger Wind,
fordert den Wanderer, der sich besinnt.
Wolken geballt. Licht gießt sich aus.
Unten der Mann, unter Bäumen ein Haus.

Seitab die Stadt. Menschen jagen.
Was sie zu bieten hat, lässt sich in Händen tragen.
Mehr ist es nicht. Es nährt nicht mehr.
Welt lässt Herz und Stirne leer.

Über den Deich streift kräftiger Wind,
fordert den Wanderer, der sich besinnt.
Wolken geballt. Licht gießt sich aus,
fasst den Mann, die Bäume, das Haus,
fasst auch die Stadt und fasst die Welt,

wenn er den Blick hebt, den Schritt verhält,
sich, wie's aus Wolken mächtig bricht,
willig erfassen lässt von dem Licht,
von Wolken, Baum und Möwenschrei.
Jäh sind Herz und Stirne frei.

Angekommen

Angekommen beim Wegerichblatt,
das am Feldrain gewartet hat.
Seidiger Wimpernschlag, Ährenglanz,
seltene Gerste lädt zum Tanz.

Drüben der Weiler am schwellenden Berg.
Zwischen den Steinen Wohnen und Werk.
Weiß sich dort einer und weiß sich geschaut,
während die Wölbung ihn milde umblaut?

Auch des Beruhigten, des Wanderers Sicht
fasst, was ihm nahe, den Wandel nicht.
Und dass er selber ruhig gesehen,

kann ihn im Schauen nur anwehen,
wenn im lange währenden Licht
Wegerich, Werk, und Wölbung bricht.

Kleines Denkmal

Wer kennt sie noch, die Regentrude,
die, wenn es draußen platscht und matscht,
durch unsere Regenrinnen tratscht?

Und die versteckte Roggenmuhme,
die lauerndleis im Kornfeld hockt,
mit Klatschmohnködern Kinder lockt?

Die Regentrude tropft nicht mehr.
Die Felder stehen heute leer,
bis auf die nützlichen Gewächse.
Scht! Die dies schrieb, ist eine Hexe.

Wildnis

Der Sommer lodert ungesehen
vor der Stadt.
Die Wolken,
allenfalls nach Regen befragt,
gleichgültig in die Weite entlassen.
Ich habe anderes zu tun.
Als ich mich gestern verfuhr,
sah ich jäh
die Felder gemäht,
Kornblumen und Klatschmohn,
die ferne Wildnis.

Hochsommer

Garten im Mittagsglast.
Sonne, die große Last.
Büschelweis sinken Distelsamen.
Was nicht hinsinken kann, muss erlahmen.

Nur zwei blaugrüne Gesellen,
funkelnde Mosaiklibellen
stoßen knisternd zusammen
über züngelnden Schilfgrasflammen.

Feuerlilien, längst erloschen.
Hängende Hülsen, ausgedroschen.
Beinwell, hektisch noch einmal erblüht,
fiebert, noch immer nicht ausgeglüht.

Tot unter dem haarigen Blatt
klebt der Weberknecht, sommersatt.
Admirale, wasserdosttrunken,
sind saumselig ins Saugen gesunken.

Garten im Mittagsglast.
Sonne, die große Last.
Zwischen Erde und schwerer Glut
zittert Distelsamen und ruht.

Zeitlos

Wiesensterne, Habichtskraut,
die maiengelbe Blütenlust
prangt immer noch, tief im August,
als sei am Wehr die Zeit gestaut.

Waldbeere hoch am Hange blaut.
Goldhähnchen wispert, Grille flirrt.
Funkelnde Fliege irrend schwirrt
und ruht sich aus auf brauner Haut.

Rubinrot knospt Johanniskraut.
Durch blütenüberstäubte Finger
trudelt ein ferner Fallschirmspringer,
der auf Äolus' Flügel baut.

Ein kleiner Wind im Moose flaut.
Der Käfer, schwarztürkis gerändert,
der zeitlos über Stengel schlendert,
hat sich den Blicken anvertraut.

Wiesensterne, Habichtskraut.
Gleichmütig Kuh die Zeit zerkaut.
Bach, der am Wehr sich angestaut,
stürzt, tief mit Raum und Zeit vertraut.

Sommerabschied

Jetzt schweigt des Sommers Schwalbgeschwätz
im abschiedsbleichen Hellen.
Die Wespen tanzen tot im Netz.
Die Katze schlägt Libellen.

Tief zieht die wächsern bleiche Frucht
die ausgezehrten Bäume,
die hingegebenen, mit Wucht
in schwere Erdenträume.

Gedanken, die der Himmel lässt,
hinsinkt ein leichter Regen.
Buddleja hält den blauen Rest
der Blüte ihm entgegen.

Im blauen Raum

Scheiding

Noch gießt der Hügel üppig
ins schmale Dorf den Wald.
Der Ost zaust Halme, Haar, Gedanken
und kraust den See, der Kreise malt,
wo karpfenschwere Schatten
durch goldene Buchen schwanken,
sich regeruhig Blick und Zeit entziehen
und tiefer in die Wolken sinken,
die zitternd fliehen.
Septembergrille schickt bescheid'nen Abschiedston.
Vermisst du in dem rings Vertrauten Antwort schon?
Es lagern noch wie einst
die Kühe unter Eichen.
Ein Büschel Stroh umschlingt den Pfahl
und flattert wirr, das alte Abwehrzeichen.
Die Kühle steigt
und zwingt zu Tal.

Blick ins Tal

Die Alte richtet den Garten her.
Sie sichtet und lichtet das Nimmermehr,
das sommermüde, verblühte Vorbei,
als wenn es die eig'ne Geschichte sei.

Der Himmel ist wegwartenblau gespannt.
Die rührige Alte, das welkende Land
sind unter die wandernde Zwischenwelt,
tief unter die quellenden Wolken gestellt.

Noch schirmt der Baum, schon halb entlaubt,
die bleiche Blüte, das greise Haupt.
Es hütet das kühle, entfernte Blau
Wolken, Landschaft, Baum und Frau.

Abend

Autolärm belagert das Tal.
Nebel weißen den Abend,
decken die Wiesen,
waren einmal
vielen Augen erlabend.
Über den Schleiern ein Reiher schreit,
streng starrt das Dorf vom Hügel,
schreit in mein Fenster.
Weit, wieder weit
spannt meine Seele die Flügel.

Herbst

Schwarze Mäntel, rote Säume,
Admirale, Asternträume.
Fühler Süße suchend tunken.
Wasserdost dorrt ausgetrunken.

Blutrot scheidet Schneeballstrauch.
Scholle glänzt nach altem Brauch.
Maiengrünes Heupferd springt.
Weidenröschensamen sinkt.

Schwalben, wann sind sie gezogen?
Sacht wie Samen fortgeflogen.
Lerchenschar schwirrt auf und flieht.
Bussard ruhig Kreise zieht.

Ammernruf die Stille schlitzt.
Gold'ne Brust im Hasel blitzt.
Zweig erzittert, der sie lässt.
Stacheldraht hält Schafwollrest.

Freiluftballon

Blätter tropfen vom Apfelbaum.
Rotkehlchen fliegt in den blauen Raum,
fliegt, die rote herbstfrische Frucht,
während der Baum braune Tiefe sucht.

Rotkehlchen, Traum des Gondoliere.
Über dem Schloss in der Montgolfiere
schwebt er, Münchhausens Federleichtfähre
oder erdenschwere Schimäre.

Zwischen Kälber, die friedlich rupfen,
sinkt er nach vergeblichem Zupfen
ins vermeintliche Erdenverlies,
zischende Schlange im Paradies.

Wachsen

Herbst fällt in die Gärten.
Am Morgen leuchten sie wund.
Jäh fällt die Frucht.
Ihr dumpfer Schlag vertieft das Schweigen,
als sei jetzt jeder Laut ein Leid.
Langsame Blicke wollen bannen
und jedes Zittern auf den Gräsern halten,
den welken Blättern wehren jeden Fall
und aufmerksam ins Dunkle wachsen.

Spätherbst

Hoch auf der Kiefer Pappelschattentanz.
Tod schenkt dem Tümpel matten Blätterglanz.
Durchs enge Herz der Luft kreiselt ein bleiches Blatt.
Goldhähnchenbrust erstarrt, die sie durchschnitten hat.

Erschrocken liegt der Beinwell, hingerafft.
Knöterichblüten, stolze, sind erschlafft.
Die Fichte, die wie eine Kranke ächzt,
zittert vom Häher noch, der warnend krächzt.

Weiß leuchtet wattig samend Dost.
Bergulme steht ganz ruhig im Frost,
die, Blicke sammelnd, offenbart,
wie sie sich hingegeben doch bewahrt.

Die Wiese hat, im Halm bereift,
leicht, was sie war, schon abgestreift,
und trägt des Birnbaums Blättersaat
gelassen wie die eigene Mahd.

Herbstgang

Alle Üppigkeit der Erde
hat sich an den Rand gestellt.
Dass ich wieder innewerde,
wie die Welt mich hält,

hat die alte Eiche heiter
sich betupft mit braunem Blatt.
Goldhahn singt die Weise weiter
heut an meiner Statt.

Weiße Schäume übersprudelnd,
fremd lacht mir der Bach,
zieht mich in die Frische, strudelnd,
zieht mich, zieht mich nach,

hat die Erle ausgewaschen,
die noch sicher steht,
kann sie doch nicht überraschen.
Zeit und Wasser geht.

Geh ich weiter, bleib ich stehen?
Wie's der Kummer will.
Dunkle Birkenschleier wehen,
schweigt er langsam still.

Menschen sind so laut geworden.
Stille ruht die Welt.
Über wirren Autohorden
dunkelt Himmelszelt.

Wieder auf vertrauten Straßen,
kehr ich in den Ort,
kann mich wieder sanfter fassen,
hören Menschenwort.

Herbstnacht

Braune Blüte das Land
öffnet sich knisternd dem Regen,
hält sich, ins Flüstern gespannt,
schwellendem Rauschen entgegen.

Tief in der alten Mär
blättern und wühlen die Winde,
wissen nur ungefähr,
was sie erzählten dem Kinde.

Klaffende Rübenlaterne,
gaffen rings Fenster und Haus.
Müde, die Erdensterne
leuchten die Fremde nicht aus.

Unter gläsernem Himmel

Wintertag

Unter gläsernem Himmel
gleiten Wintervögel tief.
In leere Räume klirren ihre Schreie.
Kein Widerhall.
Ich ist durchbohrt von Stille.

Alter Obstgarten

Es hält der alte Apfelbaum
auf dürren Krüppelzweigen –
wer wagt es, zu ihm hinzuschauen –
das winterlange Schweigen.

Nur manchmal will ein Tropfen Tau
vom starren Zweige gleiten,
den Blick ins schon entschlaf'ne Grau
der eig'nen Tiefe leiten.

Dann drängt aus stummem Mund ein Lied,
das Augen schmerzlich füllt,
und, wie's dem kranken Baum geschieht,
im Schweigen Schmerzen stillt.

Dezembertag

Blassbraune Blätter baumeln.
Einzelne Flocken taumeln.
Hungriger Sperling plustert sich,
hinter der Scheibe sieht er mich.

Müd blinzelt weiße Sonn von weit.
Blicke, Gedanken haben Zeit.
Traum lässt sich nicht erjagen.
Dürr graue Äste ragen.

Fest in der starren Hülle
schlummert vergessen Fülle,
sammelt sich Lebenswille.
Krähen vertiefen Stille.

Winter am Bach

Leichenbleiche Felder liegen.
Mäusebussard starrt geradaus.
Matter Reiher kann kaum fliegen.
Steifgefroren liegt die Maus.
Unsichtbar unter dem Eise,
kaum noch hörbar fließt der Bach.
Mensch am Ufer lauscht der Weise
bange, lauscht ihr lange nach.

Im Eismonat

Auge des Tümpels füllt sich mit Glanz,
sinkendes Marmoreis.
Zweige versuchen schüchternen Tanz,
Tropfen den ersten Kreis.

Still bleibt des Himmels blasses Gesicht,
kräuselt ihn auch der Wind.
Birke und Buche merken es nicht,
dass sie erzittert sind.

Nässeweiche Gräser im Schlaf
schwanken beim leisen Hauch.
Tautropfen, der den Himmel traf,
spiegelt ihn endlich auch.

Begegnung

Begegnung

Wie sich der Reiher leicht
ins Licht erhebt,
das dunkle Herz ergreift,
es ruhig trägt,
weit gleitet, ungelenkt,
in stillem Flug –
wie ist, als er ganz sacht sich senkt,
das Dunkel gut.

Amsellied

Abendaltes Lied erblüht,
das im Dämmer tiefer glüht,
und es sammelt und beschenkt
jeden, den es abgelenkt,
ordnet ruhig vom hohen Dach
schon gesunkenes Ungemach.
Wenn die Weise spät verklingt,
früher Schläfer tiefer sinkt,
und dem langen dunklen Ruf
folgt die Stille, die er schuf.

Lassen

Die Katze stakt durchs hohe Gras.
Ich rufe sie nicht an.
Ein Falter stirbt. Wie gut,
dass ich ihn lassen kann.
Auch mich lässt ja ein And'res sein
und schweigt beharrlich still.
So lasse ich mich selber ein
und staune, was ich will.

Libelle

Wind wiegt Libellenlarve
auf schlanker Schilfgrasharfe.
Was blass am schwanken Halme hängt,
ihn starr und doch bewegt umfängt
und ruhig den Augen bleibt,
ist wesenlos beleibt.
Schon schwirrt die schillernd schnelle,
die funkelnde Libelle.
Bevor die Augen lesen,
ist sie nur noch gewesen.

Gib acht

Was auch geschieht,
wie auch die Stunde in die Stunde zieht:
Es ist derselbe Atemzug in allem.
Des einen Steigen ist des andern Fallen.
Gib acht, mein Herz, und sing das Lied,
das zwischen allen Atemzügen liegt.

Was wäre

Es wirft der Dichter sein Netz übers Land.
Es wogen die Blätter und Flügel.
Er wirft es an zierlichen Himmelsrand.
Noch drängen sich Stimmen und Hügel.

Was stärkt seinen Arm und hält seinen Fuß
und schärft die gebreiteten Sinne
und strömt im schwellenden Überfluss
und hält darin fließend inne?

Der Dichter selbst treibt im Lebensgeschwätz
mit himmelgeweiteten Armen.
Ein anderer Fischer zieht das Netz.

Was wäre, geschähe der krächzenden Krähe,
wenn sie der Dichter, der Fänger, nicht sähe,
des Fischers waches Erbarmen?

Eins

Nicht nur
dem Rauschen der Eiche
lauschen.
Rauschen.

Bauerngarten

Schneeglöckchen

Es trotzt in kleinen Wiesenrudeln,
um die kristall'ne Flocken trudeln,
die tapfere Schneeglöckchenschar
der glitzernd lauernden Gefahr.

Die fest entschloss'ne Schneeweißblume
hat winterlang erstarrte Krume
mit hartem Hüllblatt weggesprengt.
Zwei Blätter, darin eingezwängt,

gaben den Stiel frei und die Blüte,
die sich aus enger Scheide mühte
und die, wenn Kälte sie umfließt,
ihr Inneres schützend, sich verschließt.

Sie hofft, sechsfältig weiß gewandet,
die Röhre innen grün gerandet,
als Erste auf die erste Biene,
dass sie ihr, Nektar spendend, diene.

Der Erde zugewendet, ruft
der süße Grünweißglockenduft
den, der den Frühling rasch erwartet,
dass er das Kleine nicht missachtet,

sich Hindernissen trotzig stellt,
sich tapfer bei Gefahr verhält,
sein Inneres schützend, sich verschließt,
wenn drohend Kälte ihn umfließt.

Wenn dann im späten Frühlingsgold
blaugrün die Samenkapsel rollt,
will diesmal ich vernommen haben,
was willig mir die Glöckchen gaben.

Krokus

Ein violetter Blütenspross
treibt aus dem kalten Mutterschoß,
bleibt zaghaft ihr zwar noch verschwistert,
die selig nur vom Werden flüstert,

doch ist der schmale Kelch bestrebt,
dass er sich schimmernd ihr enthebt,
hat auf sein Schwertblatt noch verzichtet,
ist nur zum Licht, zum Licht gerichtet.

Wenn ihn die Strahlen lösend fassen,
wenn er sich weit hat öffnen lassen,
dann ist sein Blütenblattgeschmeide
die erste bunte Bienenweide

und mit dem strahlend gelben Stempel
ein himmlisch reiner Frühlingstempel,
der uns weit dem zu öffnen lehrt,
dem sich der Krokus zugekehrt.

Tulpen

Hingerissne Tulpenbecher,
lichtgeneigte Strahlenköcher,
schütten, was sie halten, aus.
Erde schlingt den Blätterstrauß.
Wenn die Dämmerung geschieht,
sinken in die Flammengrüfte
wirren Tages tote Lüfte,
wachsen aus dem Kelchgefieder
dunkelrote Amsellieder.

Tränende Herzen

Kühn ins Grün hineingeschwungen
ein süßes Lied, längst ausgeklungen,
tanzen an der Korallenschnur
Herzen, die einst ein Troubadour
betörte und der Reih nach brach.
Bei jedem Hauch klingt seine Weise nach.

Winde

Wie du aus bleichem Stock gespeist
um immer neue Mitte kreist,
haltloses, williges Gebinde,
wie Circe du, gewandte Winde,

beharrlich hier den Dorn umschließt,
dort auf der Aster luftig liegst,
geschieht dir eine Blütenreine,
ein Schneeleichtweiß, das keine

Lilie, kein Weißling in der heit'ren Luft
unschuldiger ins Blaue ruft.
Wer Helios' Tochter, Zauberin,
trotzt, Schöne, deinem Schmeichelsinn,

da selbst der Mond, dir zugesellt,
in deine off'ne Krone fällt?
Wer dich in bleicher Nacht erblickt,
wird dunkelinne und erschrickt.

Mohn

Mohn, dich flüchtigen zu besingen,
will mit Syringen nur gelingen.
Wie du den Satyr betörst und entflammst,
weil du aus glühendem Erdherzen stammst,

hast du, kaum borstiger Knopse entzwängt,
ganz dich an lachenden Scharlach verschenkt.
Von deinem jähen Ausbruch zerknittert,
unter der sirrenden Biene erzittert,

fleckt dich im Grunde doch schon Tod.
Schneckenleiche im lohenden Rot
lässt deiner schwanken Narbe nur
schaudernd gleißende Daseinsspur.

Argos, der Wachende, schläft berauscht.
Rasch hast du Leben dem Tod getauscht.
Pan weiß dein kurzes Blühen und Schwinden,
dein Lachen im Lied leicht wiederzufinden.

Blaue Schwertlilie

Wie viele Tage stehst du und starrst,
wie viele Nächte schon und harrst,
dass dich besänge einer und rettet,
dem du das Auge ins Blau gebettet,

Lilie, dem du dich freundlich erwiest,
feines Geäst deiner Äderung ließt?
Holde, im Himmelsauge verzittert,
glänzend von deinen Schwertern umgittert,

musst du, Stolze, dich offenbaren,
von deiner Blüten Vielzahl geschwächt,
die deine schwanke Krone waren.

Königin, wer deine Bläue erfahren,
mitten im wogenden Sommergeflecht,
wird das Geschmeide aufbewahren.

Akelei

Von schmaler Hand ins Licht gehalten,
tief eingekehrt in ihre Falten,
will sie dem Wind entgegen kommen,
als habe sie ihn längst vernommen
unter der duftend dunklen Traube,
und ist doch eine jede Haube
der andren nachtblau abgekehrt,
als sei sogar ihr selbst verwehrt
zu wissen, was sie hüten muss,
den Raum um sich, der Stille Kuss.

Rose

Wie hast du innig aufgenommen
in deiner Schattenräume Dauer,
was, Rose, bei dir angekommen,
die lange kaum gefühlte Trauer.

Der großen Geste deiner Hände,
ein Zögern hat sie eingesäumt,
entsteigen schroffe Schimmerwände
und bergen, was in ihnen träumt.

In deines Wohnens tiefster Stätte,
in des Erinnerns engstem Innen,
im dunklen Herzen deiner Glätte
ist Ende, Ruhen und Beginnen.

Im Wald

Stille, Stille. Nichts geschieht.
Das uralte Schöpfungslied
singt und säuselt, raunt und braust
hörbar dort, wo niemand haust.
Zeitlos Fichtenzweige wiegen.
Regenbogenfarben spielen
mit dem hohen Mittagslicht.
Wie's vorbei an dunklen Stämmen
sich in meinem Herzen bricht,
hör ich auf und hör mich ein.
Ich gehör ins Lied hinein,
höre endlich meinen Ton,
weil ich mich entfernt davon,
summe als zufried'ne Fliege
und als Wind mich flüsternd wiege.

Erstes Wort hört später dann
seltsam feierlich sich an,
dass sogleich sich scheu verschweigt,
was aus meinem Innern steigt.
Wenn es leiser wird, verklingt,
singt das Schöpfungslied und singt.

Am See

Bleich liegt der See,
die Luft steht grau.
Der Himmel senkt sich sanfter.
Ein Kahn zieht leise seine Spur.
Im Wasser zittern Wälder.
Ich steh am Ufer lange still.
Es lösen sich die Hände.
Ruhig sieht mein Auge aus dem See
auf die vertraute Fremde.

Vergessener Ton

Straße rauscht. Der Bach daneben
muss mit seinem Schweigen leben.
Angeschaut und aufgestaut,
wird die Weiße schäumend laut.

Rings wächst aus dem Schweigen Stille.
Reiher zieht, ein ernster Wille,
ruhig übers Feld davon,
trifft den Ton, vergaß ihn schon.

Weiter trägt der Berg den Fuß,
weiter den, der wandern muss.
Vogel weiß und Bach Bescheid.
Straße rauscht noch eine Zeit.

An der Weser

Birkenflirrend wirre Zeit.
Weser, Landschaftslesern
ruhiges Geleit.
Sie wandert,
mäandert.
Der Stille Gestalt,
Solling und Reinhardswald
sind eingemalt.
Klirrende Zeit,
tiefkranke Eitelkeit.
Aber in Sababurgs Eichen
kann sie nicht reichen.
Aus dem mächtigen Totenstamm
wächst schon der neue Baum heran.

Am Ufer

Bächlein, darf ich dich wohl fragen?
Was hast du reisend mir zu sagen?
Dein langgestreckter Wasserleib
im golddurchwirkten Glitzerkleid
erzählt mir stets ein and're s Lied,
durch das sich ruhig dein Rauschen zieht,

und lausch ich dieser Melodie,
gleicht sich die rauschende doch nie.
Was, Bächlein, ist deine Natur?
Bist du und bleibst im Wandel nur?
Wie du mich ziehst und ziehst mit fort
und dabei bleibst an meinem Ort,

kann ich auch selber vorwärtsgehen,
mich selber wandeln und bestehen.
Wie du beständig Täler füllst,
weil du ruhig sprudelnd weiterquillst
und speist, weil du dich speisen lässt,
wie du den Fels beharrlich nässt

und dabei seine Kanten schleifst,
durchströmst du, Bächlein, mich, ergreifst
mich, füllst mich an.
Ich will zum eig'nen Quell hinan,
spür unter meinem eig'nen Lied,
was immer gleich mich ruhig durchzieht.

Ach, Bächlein, welche Melodie,
und wie lang überhört' ich sie,
die mich doch speisen will, ernähren.
Ich lasse, lasse sie gewähren,
dass klar ich werde, wasserrein.
Willst, Bächlein, du mir Führer sein?

Masuren

Verträumtes Land, sagt man: Masuren.
Doch hier, seit es hinsank, stehen die Uhren.
Die Seen kristallen,
die Wälder verschwiegen,
die Häuser verfallen,
der Zeit entstiegen.

Brachen erzählen unhörbar Zerfall.
Unerhört flüstert's überall.
Zwischen Mauern, die Sehnsucht nicht stillen,
ragen gleichgültig neue Villen.
Hellrot ritzen Dächer die Luft.
Wer hört noch zu, wenn die Nachteule ruft?

See tröstet zeitlos, ändert sich nicht,
sah, weiß viel, zeigt nur Himmels Gesicht.
Die hier waren, sind längst verstreut.
Die herkamen, kamen von weit.
Gibt es Verständigen, Verstehen?
Wer fasst, was geschieht und was geschehen?

Wer singt, Masuren, jetzt dein Lied?
Die einen verstummt, die anderen zieht,
was fraglos weiter will.
Wer blieb, zerbrach, treibt ohne Ziel.

Rufend ziehen Kraniche übers Land.
Fragend liegt es in anderer Hand,
versteht, verstand nicht, was geschah.
Die Wunde klafft, sie ist noch da.

Sinkende Sonne die Seen entrückt,
Wälder und Wiesen. Mütterlich blickt
sie auf Mensch, Dorf, Tier,
auf die, die Wurzeln suchen hier,
die gingen, hier leben, auf die, die geblieben,
erzählt vom unvergänglichen Frieden.

Spanische Impressionen

Glassonne,
Triumph des Lärms im Schattenlosen.
Hitze diktiert den Augenblick und
die Starre der Siesta.
Höher zieht dann die Stadt
ihre steinerne Schulter.
Wenn der Abend zögernd seine Schatten legt,
tragen bunte Frauen
ernste Schönheit in die Gärten.

Hinter aller Bewegung starrt
fleischig die Agave,
die irre Schärfe der Berge.
In der blicklosen Weite der Ebene
steht gleichmütig das Tier im Kargen,
Stiere, todgeweiht, und
der vollendet weidende Schimmel.

Die Weite des Landes brennt sich ins Herz,
der stumme Schrei.
Gleichförmig beschwört andalusische Musik
alte Melancholien.

In der Dämmerung

So sanft
neigt sich der Abend
immer noch.
Gelassen steht der Baum.
Am Rand der Weide
reicht der Bauer dem Pferd
eine Handvoll Gras.
Zwei alte Frauen
an der Friedhofsmauer
tauschen vertraulich Neuigkeiten aus.
Zwischen den Höfen spielen Kinder
das alte Dämmerspiel noch immer.
Als sei die Welt doch nicht
vergiftet und verloren,
senkt sich der Nebel sacht,
unschuldig
in das Tal.

Sehnen

Als eines langen Sehnens Lohn
durchzittert mich der ferne Ton.
Tief im Maschinenlärmgeleier
hör ich der Amsel Morgenfeier.
Jäh bin Jahrhunderte zuvor
ich jetzt, Ihr Alten, Euer Ohr.

Was war es, das Ihr einst vernahmt,
wenn Ihr aus Fernen zu Euch kamt
nach eines grauen Tages Mühen
oder im Feld beim Morgenglühen?
War doch um Euch als weites Kleid,
was uns beengt, das Maß der Zeit.

Wie war es, hinterm Pflug zu gehen,
selbst Teil im wachsenden Geschehen,
und wie vernahmt Ihr Lerchenruf,
der rings um Euch die Stille schuf?

Uns leerte sich längst Raum um Raum.
Vereinsamt ragen Laut und Baum.
Fern sind wir, lärm- und trugumgittert,
und Busch und Tier und Stern erzittert,
wenn wir die Erde schwer begehen,
taub und erblindet Zweifel säen.

Und doch, mit jedem Blickerheben
keimt Leben rings und strebt auf, Leben!
Denn einer führt den schweren Pflug,
wie Zweifel bannte auch und schlug,

führt tief durchs steinige Feld der Zeit
und bricht die Brache auf, das Leid.
Das Schweigen bricht den Bann.
Es kommt, Herz, auf dein Sehnen an.

Abendliche Heimfahrt

Kondensstreifen rahmen am Himmel ein Stück,
bringen verlorenen Abend zurück.
Unter seinem Blauverblassen
schimmern kieselhelle Straßen.
Tief unten sind ins Dämmerfeld
ruhig äsend Rehe gestellt.
Als stände nicht wartend jederzeit
unermesslich Freude bereit,
grellt hellrot an der Armatur
die Anzeige der Autouhr.

Nachts

Gewaltig schlägt die Nacht das Auge.
Aufleuchtet die Sorge,
des Kummers engender Pfad,
wie er ins Grauen rinnt,
während die säumende Rose pocht
und das Tier seinen Schrei lauter zeigt.
Aber die Stille.
Dröhnt, schmeichelt,
spinnt den Erwachten ins Wirre,
rudert ihn rückwärts
gegen jeden Sog eines Zuspruchs
oder die Kraft eines Zorns,
rudert ihn, bis er
strudelsatt hinsinkt, matt.
So dringt der Dorn.
So wird dem Schrei
Antwort im Stillen,
wächst dem Gesunkenen
Zuspruch vom Grund.

Haiku

Der Stille lauschen.
Der Durchzug der Kraniche
hat sie verändert.

*

Gestern war ein Sturm.
Man spricht darüber, obwohl
er doch so laut war.

*

Ist es ein Vogel,
der vom Wind sich schaukeln lässt,
ein verwelktes Blatt?

*

Gelbes Ahornblatt
taumelt in den Ginsterbusch.
Tod schmückt die Wiese.

*

Die traurige Frau
am Fenster. Ach, wie lange
schon singt die Amsel?

*

Kahle Buche, hältst
deine zartesten Zweige
am weitesten hin.

*

Reglose Wolken.
In kalter Nacht, unentwegt,
eilt ein Stern hindurch.

*

Amsel auf dem Dach,
singst du dein Lied oder meins?
Kleine Amsel, sing!

*

Kraniche sammeln
Herzen am Himmel. Sperling,
du bleibst im Winter.

*

Auf nassem Asphalt
die Amsel, totenstarr. Gelb
leuchtender Schnabel.

*

Das kahle Zweiglein,
das die Kohlmeise verlässt,
löst meine Tränen.

Ach, dass ich fände
die Ruhe des Baums, dennoch
zu stehen im Dunkel.

*

Für einen Grashalm
hat der Frost auf der Straße
den Asphalt gesprengt.

*

Ich sitze am Bach.
Wie ich vorüberziehe!
Der ruhige Mond.

*

Dem Bach gleich bin ich
und dem Stein, über den er
lachend hinwegfließt.

*

Grasbüschel im Bach,
der Strömung hingegeben.
Wie tief wurzelst du?

Für Hölderlin

Am Neckarufer spieltest du.
Verschwunden der Garten,
verwunschen wohl einst und
voll mit wilden Rosen vielleicht.
Gib acht, junger Träumer,
bald dringt der Dorn.
Aber dir war, was du sahest,
rein, und ein Wolkengebirg
lichtete dir mit dem ragenden
Kirchturm inmitten oft wohl
das dunkelnde Herz.
Tiefer noch aber der glühende Strom,
der dich innehielt mitten im Spiel.

Nun am selben Ort ich,
und es badet derselbe Fluss
meinen Fuß.
Weit reicht der Bogen der Zeit.
Auf der Brücke schickt aber nun
ein anderer Donnerer Fahrzeug um
Fahrzeug. Ach, das
zerreißt deinen Vers,
braunäugig Kind, den
läs ich dir gern oder
dir auf dem langen Flur,
um dir die Unruh zu nehmen
ein wenig, die Suche des
späten Schritts vielleicht, wieder
dem Neckar nah, nächtlich.

Aufbruch

Verstummt der Halm, das Blatt, der Sang
des Dompfaffs, seine Feuerbrust.
Wie er wohl war, der Klang,
den du nun neu erhören musst?

Verstört erwacht nach langem Schlaf
aus einem Traum, der dich nicht lässt,
weil er das Eig'ne traf,
fasst du, was ohne dich verwest.

Es ist dein Ohr, es ist dein Wort,
auf die das Blatt, der Grashalm harrt.
Dies ist der Zufluchtsort,
dem sich der Gimpel offenbart.

Denn rings die Welt ist lang ertaubt.
Wald schlägt nicht mehr die Bogen.
Wer sich noch selbst erlaubt,
ist längst in Stille umgezogen.

Die Nacht ist schwarz. Schwarz ist die Nacht.
Nur innen ist noch Licht.
Genug gemacht.
Gib acht, dass nicht dein Wort die Stille bricht.

Ermutigung

Geh aber nun im tarnenden Kleid,
wehre der Nachricht den Zeitvertreib.
Einwärts geh, wie die Stillen tun,
und im Sturmherzen lerne du ruh'n.

Vielen zu nah und immer bereit,
wartet die Anmut zur Spinnenzeit.
Und was der Rasenden wechselndes Ziel,
bleibt dir der geneigte Löwenzahnstiel.

Streifte nicht dich auch das Lindenblatt?
War es, die dich gehalten hat,
Thetis nicht bei der Ferse einst?
Weil du also gezeichnet scheinst,

ringe. Was ungesehen verblüht,
rette und birg es in deinem Lied.
Sing es den Tauben, geminnete vrou,
sing unter flimmerndem Fensterblau.

Dem die Maschine Risse zufügt,
webt nicht die Amsel beharrlich ihr Lied?
Bleibe du treu. Wer lauschend verweilt
und sich ins Klaffende hält, der heilt.
Hörende Sängerin, dies ist dein Lohn.
Bringe den Dank und halte den Ton.

Kunde

Groß geht gewaltig der Atem der Erde,
ihr Heben und Senken im Stirb und Werde
und strömt durch eine jede Natur
als unverlierbare Daseinsspur

einer andern. So sinkt in den staunenden Stein
der Hingegebene, der Schauende ein
und drängt ihn, Runen am Birkenstamm,
versunkenes Zeichen der Ahnen an.

Wesen schreibt sich dem Wesen ein.
Was vereinzelt, verliert sich. Allein,
sinkt es zurück zum heilenden Grunde.

Eins will des anderen Kunde sein.
Hebe dich, Herz, und senke dich ein.
Schließe die Trennungswunde.

Am reinen Ort

Du bist da

Wo Worte schweigen,
weil der Kummer zu groß,
wartest Du.

Wo Tage sich trüb neigen
und die Nacht sternenbloß,
wartest Du.

Was mir geschieht, was mir geschah:
Du bist nah.
Ich sehe dich nicht, aber ich spüre es ja:
Du bist nah.

Noch kommt mein Herz nicht mit,
das Kummer leidet, Kummer litt.
Es wagt den Sprung noch nicht – ins Licht.
Du bist nah,

reichst Deine Hand
durch die Wand,
die mich von mir trennt,
kennst, was niemand kennt,
mein Herz. Es brennt.

Was tun?
Anklagen? Fliehen?
Mich dem Leben entziehen?
Du bist nah.

Was tun?
Ertragen die Leere?
Aufladen die Schwere?
Du bist nah,

wartest, wie Stille wartet,
das Antlitz einer Landschaft,
das bleibende Gestein.
Ich bin nicht allein.
Du bist nah.

Im Morgengrau ein Vogellied.
Was geschieht?
Ein Zeichen?
Die Schatten, sie weichen.
Wie Nebel sich heben,
fühl' ich mich frei.
Ein verändertes Leben.

Verblasste Schrift auf altem Papier,
liegt, was ich erträumte, hinter mir.
Der Trug, zerronnen.
Der Kummer, genommen,
vorbei. Ich bin frei.
Ich spüre, weiß es ja:
Du bist da!

Hören

Freude gipfelt in der Stille.
Trauer sinkt auf ihren Grund.
In ihr reift zur Tat der Wille.
Sie verschließt den Mund.

Doch es keimt am reinen Ort,
wächst und möchte uns betören,
auch ein Wort, ein Stillewort,
und es lautet Hören.

Stille ist der höchste Ton.
In ihr singt die Schöpferkraft.
Weißt du's? Du vernahmst ihn schon,
hast ihm Raum verschafft,

wenn, von lauter Welt ertaubt,
du der Stille einzudringen
endlich einmal hast erlaubt,
und in dir zu schwingen.

Oft hast du sie auch verjagt,
denn du wolltest ihr nicht lauschen,
hast dich nicht zu dir gewagt,
ließest dich berauschen.

Einer war, der ließ sich nicht
von der Welt aus sich verjagen,
kam aus reinstem Gotteslicht,
es zu uns zu tragen.

Denn wir waren ja verloren
und gehörten nirgends hin,
wussten, Weltlärm in den Ohren,
nicht woher, wohin.

Jener lehrte zuzuhören,
Dem, der in der Stille spricht,
und dass wir hineingehören
in ein göttliches Gedicht.

Menschenhörig, festgefahren,
haben wir uns nicht gespürt.
Wir gehorchen, und erfahren
uns erhört und heimgeführt.

Jetzt

Im Kampf, was quälte, abzugeben,
fiel suchend jäh der Blick hinaus.
Rubinrot goss die Sonne eben
sich über Marmorhimmeln aus,
und dunkle Abendvögel flogen
über die kühn geschwung'ne Bucht,
zu der still Wolkenschafe zogen.
Und wie die Ruhe und die Wucht

des Schönen sich erschloss
und durch die hochgereckten Zweige
allmählich blasses Zwielicht floss,
dass sich der Tag ins Schweigen neige,
da war der Kummer abgegeben,
war Himmel und war Baum geworden,
auf fernen Seen ein feines Beben,
ein Wolkenschaf im hohen Norden.

Und wie in eine heilige Stille
das Lied der Abendamsel drang,
da war's, als ob der Schöpferwille
aus allen seinen Wesen sang.
Die Liebeskraft des großen Raumes
ergoss sich jäh, ein Lichtkomet,
ins Herz wie ins Gefäß des Baumes,
der strebend Lobpreis ist, Gebet.

Von Baum und Amsel angestoßen,
die jedes off'ne Herz ergreifen,
mitschwingend, kleiner Raum im großen,

beginnt es reifend zu begreifen,
wie eins dem andern Heilung bringt,
weil es sich dienend höher schwingt.
Es hört, was es ergriffen sah.
Das geistige Reich ist nah, ist nah.

Ordnung

Adern durchziehen schimmernd das Land,
Bäche sind sie und Flüsse genannt.
Adern verzweigen in Blatt sich und Hand,
zeigen die Wesen einander verwandt.

Wellen malt in den See der Stein.
Schallwelle dringt als Wort in uns ein.
Jeder Gedanke, stofflich fein,
will Welle nur, will Schwingung sein.

Atemzug nimmt und schenkt sich her.
Mond hebt ruhig und senkt das Meer.
Erde atmet menschenschwer
in der Tag-Nacht-Wiederkehr.

Liest, in die Natur vertieft,
du die ordentliche Schrift,
dann erkennst du ihren Geist,
der in Schönheit sich erweist.

Eines zeigt das andre an,
ihm in Schwingung zugetan,
und es will gesundes Leben
in der Ordnung höher streben.

Dass wir tief herausgefallen
aus dem Maß, der Ordnung waren,
Einer sagte es uns allen,
will die Ordnung offenbaren,

weil man, frei vom bösen Bann,
nur befreit erkennen kann,
nur in der Natur ermisst,
was man innen selber ist.

So erkennen wir den Fluss,
der uns heilig ist und Gruß,
schwingen mit im Jahreslauf,
atmen mit der Erde auf,
können, eins mit allen Wesen,
wieder klar die Schöpfung lesen.

Benedictus

Groß bist Du, Gott, Du bist gewaltig,
ohn' jedes Ende vielgestaltig.
Du faltest Berge auf, füllst Meere,
streust in der Nächte blaue Schwere
mit leichter Hand die Sterne aus,
schenkst mir ein solches Erdenhaus,
dass ich es niemals, nie ermesse.
Gott, dass ich Deiner nicht vergesse,
blickst Du mich an in Tal und Baum,
im weit gespannten Himmelsraum,
im goldnen Auge einer Kröte
und lohend in der Morgenröte.
Du sprichst mich an im holden Lied
der Amsel, die mich lauschen sieht.
Du sprichst im Sirren der Libelle.
Du sprichst im Murmeln einer Quelle.
Ich spüre Dich im Windeshauch,
im Regen auf den Händen auch,
spür Dich mit bangendem Entzücken
im Falter auf dem Fingerrücken.
Ich koste Dich im Süß der Beere.
Ich schmecke Dich im Salz der Meere.
Du bist im Dunkelhauch der Rose.
Du wehst im Duft der Aprikose.
Gott, groß bist Du, gewaltig groß.
Bin ich auch selber klein und bloß,
so bin ich doch auch eingesponnen
in alles, was ich lieb gewonnen,
seh Dich in Deiner Schöpfung an,
hör Dir dort zu, so gut ich kann,

und lass mich von der Sehnsucht streifen,
als Kind in Dir heranzureifen.
Du ziehst mich an wie ein Magnet,
der an das Herz der Dinge geht.
Gewaltig willst Du für mich sorgen,
so nah und so verborgen.

Die Kapelle

Ich weiß eine Kapelle,
so gerne geh ich hin.
Sie steht an keiner Stelle,
ist stets da, wo ich bin.

Darinnen ist es heilig
und immer heilig still.
Und treibt mich einer eilig,
wohin ich gar nicht will,

und ängstigt mich mit Sorgen,
kehr ich in diesen Raum.
Hier fühl ich mich geborgen,
beschützt, beruhigt. Und kaum

verweile ich dort drinnen
– der Glaube ist die Tür –,
fühl einen Quell ich rinnen,
der drängt und drängt zu mir,

füllt mich mit Liebe, sprudelt
und überströmt mich ganz.
Und meine Seele jubelt.
Der ganze Raum ist Glanz.

Hier fühl ich mich zu Hause.
Mein Herz erfühlt es gleich.
In der vertrauten Klause
bin ich im geist'gen Reich.

In der geheimen Zelle,
in der die Stille spricht,
drängt unaufhörlich Welle
um Welle aus dem Licht,

bis dass ich ganz genesen,
mit Lebenskraft erfüllt,
aus meinem tiefsten Wesen
die reine Liebe quillt.

Inhalt

Verborgenes Warten

Ferne Wildnis

Am reinen Ort